LA BATALLA DE ACCIO

El fin de un siglo de guerras civiles romanas

Por Cédric Bernardi
En colaboración con Nicolas Cartelet
Traducido por Marina Martín Serra

Historia en50MINUTOS.es

LA BATALLA DE ACCIO

DATOS CLAVE

- **¿Cuándo?** El 2 de septiembre del año 31 a. C.
- **¿Dónde?** En la costa de Accio (Grecia)
- **¿Contexto?** La guerra civil entre Octavio y Marco Antonio
- **¿Beligerantes?** Octavio y sus partidarios contra Marco Antonio, Egipto y sus partidarios
- **¿Actores principales?**
  - Octavio, hombre político romano (63 a. C.-14 d. C.)
  - Marco Vipsanio Agripa, general y hombre político romano (63-12 a. C.)
  - Marco Antonio, hombre político romano (83-30 a. C.)
  - Cleopatra, reina de Egipto (circa 69-30 a. C.)
- **¿Resultado?** Victoria de Octavio
- **¿Víctimas?**
  - Bando de Octavio: no es posible estimar las pérdidas
  - Bando de Marco Antonio y Cleopatra: alrededor de 5000 muertos

INTRODUCCIÓN

El 2 de septiembre a. C., el destino de la República romana está en juego en Accio, a lo largo de la costa griega. Dos generales romanos se enfrentan en el mar para obtener el poder supremo: por un lado, Octavio, hijo de Julio César y defensor de Roma; por el otro, Marco Antonio, que ha convertido Alejandría en su capital. La guerra civil heredada del conflicto entre Julio César (hombre de Estado romano, 100 o 101-44 a. C.) y Pompeyo (hombre de Estado romano, 106-48

a. C.) culmina en esta batalla.

13 años después del asesinato de Julio César, la batalla de Accio pone fin a un largo periodo de conflictos internos en la República. El viejo régimen aristocrático, que permitía al Senado calmar las ansias de los ambiciosos, se ha desmoronado a lo largo del siglo I a. C., dejando a los grandes generales los medios de controlar Roma. La victoria de Octavio que, bajo el nombre de Augusto, se convertirá en el primer emperador romano, es la culminación del proceso de centralización del poder y de disminución de la potestad del Senado.

Pero más allá de la lucha entra dos hombres, Accio también simboliza el enfrentamiento entre dos mundos. Al suceder a Julio César, Octavio se erige como defensor de la potencia romana. Marco Antonio, triunviro de los territorios de Oriente, ricos pero lejanos, se alía con la egipcia Cleopatra y se presenta como monarca helenístico, rompiendo de este modo con la autoridad de Roma. Ante la lucha de estos dos hombres, los comentaristas de la antigüedad creen asistir a la lucha fratricida entre Oriente y Occidente. Conocemos la historia: Occidente es el vencedor, y su victoria marcará el dominio romano en el Mediterráneo durante varios cientos de años.

CONTEXTO POLÍTICO Y SOCIAL

UN ASESINATO CARGADO DE CONSECUENCIAS

En el 31 a. C., hace décadas que Roma sufre la guerra civil. Bastante tiempo antes de la batalla de Accio, varios grandes hombres políticos lucharon para obtener el poder supremo. En la mitad del siglo I a. C., Julio César consigue vencer a sus rivales: Pompeyo, Catón de Útica (95-46 a. C.) o incluso Metelo Escipión (muerto en el año 46 a. C.) fueron derrotados. Julio César se convierte en el amo absoluto de Roma; sin embargo, lo apuñalan en pleno Senado romano el 15 de marzo del 44 a. C. Cayo Casio Longino (muerto en el 42 a. C.) y Marco Junio Bruto (85-42 a. C.), que es hijo adoptivo de César, urden esta conspiración.

La muerte de César, pintura de Jean-Léon Gérôme, 1867.

En esta época, Marco Antonio todavía es el fiel teniente del difunto hombre de Estado, mientras que Octavio es su sobrino nieto; ambos hombres están al margen de este complot y lloran la muerte del dictador como amigos fieles. Durante el funeral, Marco Antonio se dirige directamente al pueblo romano y consigue emocionarlo evocando la gloria militar del difunto. Igualmente, aprovecha la ocasión para acusar abiertamente a Marco Junio Bruto y Cayo Casio Longino. La multitud, sobreexcitada ante tal discurso, reacciona con violencia: estallan revueltas por toda la ciudad y las casas de ambos culpables son incendiadas.

¿SABÍAS QUE...?

Como reacción al gran poder que Julio César había obtenido del Senado, unos cuantos aristócratas fomentan su asesinato, esperando liberar Roma del tirano y obtener el apoyo indefectible del pueblo a cambio de este servicio a la patria. Marco Junio Bruto, que da el golpe de gracia a su padre adoptivo, traiciona a los suyos, pero sigue siendo fiel a la República. Según Suetonio (historiador latino, 69-126 d. C.), al ver a su hijo entre los enemigos, Julio César habría dicho la frase «Tú también, hijo mío».

Por desgracia para él, Marco Antonio se gana a la opinión pública más rápido y denuncia un complot infame: los dos asesinos se ven obligados a dejar Roma y refugiarse en Oriente.

En el momento de los hechos, Marco Antonio está en Roma mientras que Octavio se encuentra en Grecia. Cuando este último se entera de la triste noticia, vuelve rápidamente: antes de morir, Julio César ha hecho que sea el heredero de todos sus bienes. Así, se convierte en el hombre más poderoso de Roma, puesto que recupera todas las riquezas y los partidarios del difunto. Por su parte, Marco Antonio es el más popular. La rivalidad entre ambos no ha hecho más que empezar.

ALIANZA DE LOS TRIUNVIROS CONTRA MARCO JUNIO BRUTO Y CAYO CASIO LONGINO

En el 43 a. C., tres hombres deciden unir sus fuerzas para vencer a Marco Junio Bruto y Cayo Casio Longino, que han vuelto a formar un ejército en Asia. Nace el Segundo Triunvirato.

¿SABÍAS QUE...?

El triunvirato es una alianza política y militar que tiene lugar entre tres personas. En el 43 a. C., Marco Antonio, Octavio y Lépido (muerto hacia el 13 a. C.), amigo cercano de Julio César, concluyen esta alianza. Los triunviros obtienen importantes poderes renovables por cinco años: pueden hacer una lista de adversarios cuyos bienes serán confiscados en beneficio de Roma. Este acuerdo es esencial para vencer a los asesinos de Julio César y evitar que vuelvan a Italia. Así, Marco

Marco Antonio y Octavio se marchan así a Grecia para combatir contra ellos, tras haber concluido su alianza. El encuentro tiene lugar en Filipos (Macedonia) en el 42 a. C.: el primero logra vencer a Marco Junio Bruto y Cayo Casio Longino, que prefieren el suicidio antes que la rendición, mientras que el segundo estaba enfermo durante la batalla. Por eso, el honor de la victoria se atribuye casi exclusivamente a Marco Antonio.

A continuación, los dos hombres renuevan su alianza y se reparten el mundo romano:

- Lépido se queda con África;
- Octavio, con las provincias occidentales (Italia, la Galia y España);
- Marco Antonio, con las provincias más ricas (Grecia, Egipto y el Asia Menor).

En un primer momento, los dos hombres administran los asuntos políticos desde la igualdad. Sin embargo, cada uno busca ya, para satisfacer sus ambiciones personales, el medio de prevalecer sobre sus rivales. Su aparente unidad se ve reforzada con la boda, en el 40 a. C., entre Marco Antonio y Octavia (70-11 a. C), la hermana de Octavio.

Cuatro años después, Octavio acusa a Lépido de excederse en sus prerrogativas y lo destituye de sus funciones.

Solamente quedan dos triunviros para disputarse la supremacía. Pero en vez de compartir África y el ejército de Lépido con Marco Antonio como el principio de igualdad entre los tres generales establece, Octavio se los queda para él. Marco Antonio se queja de este abuso pero no obtiene nada, y nacen las primeras tensiones entre ambos.

MARCO ANTONIO EN ORIENTE

Las fuentes antiguas consideran que la partida de Marco Antonio hacia Oriente es la causa de su triste destino. De hecho, los romanos consideran que esta región es una tierra de libertinaje y lujuria, que debilita el cuerpo y la mente. Se dice, por ejemplo, que Marco Antonio se entrega a la tranquilidad de la vida griega. Estos testimonios son parcialmente falsos, porque el general romano también usa su tiempo para preparar una importante campaña contra los partos.

¿SABÍAS QUE...?

Los partos son un pueblo poderoso que vive en la antigua Persia (actuales Irán, Irak y Afganistán). En la época de Marco Antonio, son adversarios temibles para Roma. De hecho, en el 53 a. C., mataron a cerca de 20 000 soldados romanos durante la batalla de Carras, derrotando las fuerzas de Marco Licinio Craso (115-53 a. C.). Tan pronto como asume sus funciones en Oriente, Marco Antonio tiene la intención de vengar esta humillación.

Ocupado con los preparativos, Marco Antonio convoca a Cleopatra en Cilicia (región en el sur de la actual Turquía) para que se explique sobre las ayudas dadas a Marco Junio Bruto y a Cayo Casio Longino tras el asesinato de Julio César. Consciente del conflicto diplomático que supone este encuentro, la reina de Egipto se propone seducir a Marco Antonio, como lo había hecho antes con Julio César. La reunión se lleva a cabo en el barco de la joven, donde tiene lugar una suntuosa celebración. La empresa es un éxito y el triunviro se enamora rápidamente de la reina, que se dice que es refinada y animada. Para muchos historiadores antiguos, esta unión marca incluso más la esclavitud de Marco Antonio con los placeres orientales: Cleopatra habría asfixiado la nobleza y la virtud del romano.

La comida de Marco Antonio y Cleopatra, pintura de

A pesar de su amor por Cleopatra y por los placeres de una vida ociosa, Marco Antonio sigue decidido a atacar el Imperio parto con sus legiones. En retrospectiva, su campaña se presenta como una empresa desastrosa. En el 37 a. C., se marcha con su ejército compuesto por alrededor de 70 000 hombres, pero se detiene a causa del crudo invierno de las montañas armenias y de su fracaso en el asedio de Phraaspa (36 a. C.). Debe dar media vuelta y escapa de la muerte por poco. El balance de víctimas en esta desastrosa campaña es alto: a las 25 000 víctimas romanas se les añaden 8000 muertes por el frío. En Roma, Octavio y sus aliados están convencidos de que esta derrota se debe a la pasión de Marco Antonio por Cleopatra. También afirman que el general, con su deseo urgente de volver con su amante, es responsable de las 8000 pérdidas adicionales, después de haber arrastrado a sus tropas más allá de lo que habría sido razonable. Por consiguiente, Octavio no puede perdonarle esta campaña vergonzosa. Marco Antonio, sin embargo, trata de hacer olvidar su derrota marchándose para conquistar el territorio de los partos al año siguiente, pero fracasa de nuevo y para compensarlo invade Armenia, aliada de Roma en aquel entonces. Después de esta pequeña victoria, celebra el triunfo en Alejandría y, por primera vez en la historia de Roma, un general romano decide organizar esta celebración fuera de Italia. Marco Antonio ahora vive en Alejandría, capital del reino de Egipto, y se consolida cada vez más como un monarca helenístico.

LA ROMANA Y LA EGIPCIA

Poco a poco, Marco Antonio toma decisiones que resultan difíciles de soportar para los romanos: después de su triunfo, ofrece territorios romanos a los tres hijos que ha tenido con Cleopatra. Les deja en herencia Armenia, Fenicia, Siria y Cilicia. Así, la reina de Egipto se convierte de hecho en la propietaria de estas tierras. En Roma, estas medidas se consideran ofensas, y a todo esto se le añade el daño que Marco Antonio hace a la familia de Octavio, ya que todavía está casado con Octavia.

No hay que subestimar la rivalidad que existe entre las dos mujeres: forma parte de las causas del futuro conflicto entre Marco Antonio y Octavio. De hecho, Octavia se comporta como una esposa perfecta, y las numerosas humillaciones que sufre por parte de su marido no hacen más que avivar las tensiones con Octavio. La situación apenas mejora en el 32 a. C., cuando Marco Antonio la repudia. Esto es demasiado para Octavio, que encuentra en esta situación su *casus belli*: en este momento, el enfrentamiento es ya inevitable.

LOS ORÍGENES DE LA GUERRA: EL TESTAMENTO DE MARCO ANTONIO

Para que comience la guerra, Octavio aún tiene que convencer al Senado para que participe en su campaña. Con este objetivo, divulga el contenido del testamento de Marco Antonio, en el que se especifican las donaciones hechas a los hijos que ha tenido con Cleopatra. El general también nombra a su sucesor, que no es otro que Cesarión, hijo de Julio

César, y especifica que desea ser enterrado en Alejandría y no en Roma, como marca la tradición. Por consiguiente, a ojos de todos Marco Antonio es visto como un príncipe oriental enemigo de Roma.

En este conflicto político, Octavio se presenta como la víctima ofendida por el rechazo a su hermana. Asimismo, se muestra garante de las tradiciones romanas y dice defender los intereses de Roma contra Oriente. La lectura del testamento de Marco Antonio provoca el efecto deseado: en Roma, los últimos indecisos se ponen definitivamente del lado de Octavio. Cabe señalar que en 32 a. C., se declara la guerra no contra Marco Antonio sino contra Cleopatra, verdadera responsable de la guerra para los romanos. Sin embargo, si Octavio afirma ser el enemigo de esta reina con sed de conquista, también encuentra en este conflicto la oportunidad de deshacerse del último oponente a su hegemonía.

ACTORES PRINCIPALES

OCTAVIO, HOMBRE POLÍTICO ROMANO

Octavio (Cayo Octavio Turino), al que también llamamos Octaviano, nació en el año 63 a. C. Tiene 32 años cuando estalla la batalla de Accio. Es el sobrino nieto de Julio César y su hijo adoptivo desde su muerte. Aliado inicialmente con Marco Antonio, forman un triunvirato con Lépido para derrotar a los asesinos de Julio César. Después de vencer a Marco Junio Bruto y a Cayo Casio Longino, Marco Antonio y Octavio están solos en la carrera por el poder supremo. En los años 30 a. C., la rivalidad entre los dos hombres aumenta constantemente y la guerra rápidamente se convierte en algo inevitable. Humillado públicamente por Marco Antonio tras el rechazo a su hermana, Octavio declara la guerra al Egipto de Cleopatra tras la lectura del testamento de Marco Antonio ante el Senado de Roma.

En Accio, el 2 de septiembre del 31 a. C., los dos hombres se enfrentan en una batalla decisiva, de la que Octavio es el gran vencedor. Después de haber desembarcado en Egipto el año siguiente, ve a Marco Antonio y Cleopatra suicidarse a su vez, convirtiéndose así en el único poseedor del poder absoluto en Roma. El 16 de enero del año 27 a. C., Octavio toma el sobrenombre de Augusto e instaura una nueva forma de gobierno: el principado. Ahora, sin rival, y orgulloso de haber puesto fin a las guerras civiles, puede convertirse con total tranquilidad en el primer emperador romano. Permanece en el trono imperial durante más de 41 años.

Augusto muere en el año 14 d. C. a la edad de 77 años, dejando tras de sí un imperio romano más poderoso y próspero que nunca.

MARCO VIPSANIO AGRIPA, GENERAL Y POLÍTICO ROMANO

Marco Vipsanio Agripa, miembro de la pequeña aristocracia romana, nace en el año 63 a. C. Soldado de profesión, es un amigo cercano de Octavio desde su juventud. En el 44 a. C., cuando asesinan a Julio César, ya se encuentra al lado del futuro emperador. Poco a poco, actúa como el brazo armado de Octavio, en nombre de quien obtiene dos victorias importantes sobre sus rivales políticos, es decir, Pompeyo y Marco Antonio.

Como asesor, accede a las altas esferas del poder romano. Participa en especial en la instauración del principado y se hace nombrar cónsul en el 37 y en el 28 a. C. Se acerca todavía más al emperador casándose con su hija Julia (39 a. C.-14 d. C.). Lucha por Roma hasta el final de su vida y conquista Hispania y los territorios bárbaros situados en el Danubio. Muere en el año 12 a. C. y obtiene la gloria de un entierro en el mausoleo del emperador.

MARCO ANTONIO, HOMBRE POLÍTICO ROMANO

Marco Antonio (Marcus Antonius), hijo de Marco Antonio Crético (prestamista, fallecido en el año 75 a. C.), nace en el 86 o el 83 a. C. En los años 40 a. C., está del lado de Julio

César en su lucha contra Pompeyo. Gran vencedor de los asesinos del dictador, Marco Antonio se alía con Octavio y recibe las provincias romanas de Oriente como Siria, Judea o el Asia Menor. En Egipto, dirige varias campañas desastrosas contra los partos y se encuentra con Cleopatra, de quien se enamora. Viven su pasión en Alejandría, a pesar de su matrimonio con la hermana de Octavio.

Unos años más tarde, después de haber repudiado a Octavia y distribuido ilegítimamente posesiones romanas a los hijos que ha tenido con Cleopatra, Marco Antonio sabe que la guerra es inevitable. En el momento de la batalla de Accio, tiene más de 50 años, lo que significa que tiene 20 más que su joven rival. Derrotado y humillado por un comportamiento cobarde —huye en medio de los combates—, Marco Antonio termina suicidándose en el año 30 a. C. en

Alejandría, cuando está a punto de ser tomado prisionero por Octavio.

CLEOPATRA, REINA DE EGIPTO

Cleopatra, la hija del rey egipcio Ptolomeo XII Auletes (95-51 a. C.), habría nacido en el 69 a. C. Pocas fuentes egipcias mencionan su vida. Todo lo que sabemos de ella lo debemos al vencedor de Accio. Sin embargo, aparece como una de las figuras femeninas más importantes de la historia de la Antigüedad. Amante de Julio César, con quien habría tenido un hijo llamado Cesarión, se convirtió en la reina de Egipto, un poderoso reino vasallo de Roma.

La relación que mantienen Cleopatra y Marco Antonio ha entrado en la leyenda, ya que es una de las principales causas de la guerra entre Egipto y Roma y el punto culminante de la rivalidad entre Marco Antonio y Octavio. La soberana está presente durante la batalla de Accio y su repentina huida desempeña un papel decisivo en el resultado de los combates. Derrotada por el ejército romano, finalmente se suicida en el año 30 a. C., poco después de Marco Antonio. Su muerte también permanece grabada en el imaginario colectivo: al tomar su última comida con sus dos fieles sirvientes, le llevan una cesta de higos en la que se oculta un áspid (término utilizado en Egipto para referirse a la cobra egipcia). Mordida por la serpiente en el pecho o en el brazo, Cleopatra desaparece, prefiriendo una muerte noble antes que un desfile vergonzoso detrás del carro de Octavio a causa de su triunfo futuro. Más que un personaje histórico, Cleopatra se ha convertido a lo largo de los siglos en una figura clave de la historia que todavía, 21 siglos después de su muerte, es objeto de fascinación.

- 16 -

ANÁLISIS DE LA BATALLA

PREPARATIVOS DE MARCO ANTONIO

En el 32 a. C., cuando Marco Antonio descubre la declaración de guerra que Roma le hace a Cleopatra, viaja con la reina de Egipto a Éfeso (ciudad del Asia Menor) con tal de preparar el enfrentamiento. Aunque la guerra no le ha sido declarada personalmente y todavía puede cambiar de bando, decide no abandonar a su amante. A partir de entonces, los preparativos van a buen paso en los dos bandos: las tropas y los mercenarios son reclutados y los impuestos se recaudan en las ciudades romanas.

Rápidamente, la batalla se presenta como un enfrentamiento entre Oriente y Occidente. Toda Italia, pero también la Galia, Hispania y Libia apoyan abiertamente a Octavio. Por su parte, Marco Antonio recibe en su bando el apoyo de las naciones orientales: Siria, Judea, Arabia y el Asia Menor. Consciente del carácter decisivo de la batalla, Cleopatra pide a todos los reyes y príncipes de Oriente bajo dominio romano o egipcio que proporcionen a Marco Antonio todo lo que necesite para la guerra.

¿SABÍAS QUE...?

Por un lado, Octavio se presenta como el único defensor de los intereses romanos frente a la codicia de Cleopatra y de Egipto; por el otro, Marco Antonio jura públicamente ante sus soldados —mayoritariamente romanos— que no se trata de una guerra contra su patria. Les promete que, en caso de victoria, se desprenderá de su mandato y volverá a dar el poder al Senado y al pueblo de Roma. Así, busca presentarse como un ardiente defensor de la República y no como un traidor de su patria. Asimismo, acusa a Octavio de manipular al pueblo para satisfacer su ambición desmesurada. Marco Antonio insiste en esta diferencia fundamental: Octavio solamente lucha para convertirse en el amo supremo, mientras que él lucha por la libertad de todos, empezando por la del pueblo romano.

En el 32 a. C., Marco Antonio recibe numerosos bienes de parte de Cleopatra: 200 navíos que se juntan a los 300 que él ya posee, además de dinero y comida para su ejército. Asimismo, la reina egipcia decide ir con él a Grecia. Después de haber aunado sus fuerzas, los dos amantes dirigen esta importante flota hasta Atenas, donde hacen escala durante varias semanas. Los historiadores latinos afirman que Marco Antonio, en ese momento, se habría echado a perder en fiestas suntuosas, ante el asombro de sus soldados, ya que hasta entonces no se había ganado ninguna victoria.

PREPARATIVOS DE OCTAVIO

En un primer momento, Octavio está sorprendido por la rapidez con la que Marco Antonio ha preparado la guerra. En el momento en el que su rival deja Egipto, todavía tiene que sofocar una revuelta en Italia, originada por el tributo que impone para financiar la guerra. En un principio, Octavio se muestra desbordado por los acontecimientos, ya que tiene miedo de que los combates no tengan lugar en territorio italiano. Por suerte para él, Marco Antonio se queda bastante tiempo en Atenas, lo que retrasa su ataque.

En el 31 a. C. Marco Antonio reanuda su marcha hacia el oeste y hace que su flota atraque en Accio, en la entrada del golfo de Ambracia (noroeste de Acarnania, en Grecia). No elige este lugar al azar: ofrece una rada propicia para el anclaje de los barcos antes del ataque. Alentado por las dudas y la lentitud de su rival, que ha perdido preciosas semanas en Grecia, Octavio decide pasar al ataque tan pronto como sea posible. Por consiguiente, su flota sale del puerto de Brindisi (sureste de Italia) y cruza el mar Jónico hacia el promontorio. Su objetivo es correr a Accio, donde está la flota de su oponente, para tomarla. En ese momento, una parte del ejército terrestre de Marco Antonio aún no ha llegado a Accio, lo que preocupa al general romano. Aun así, Octavio duda y no ataca, pero decide establecer un bloqueo alrededor del puerto para encerrar la flota de Marco Antonio en la rada de Accio.

FUERZAS PRESENTES

Marco Antonio cuenta con 300 barcos de grandes dimensiones, además de los 200 barcos egipcios, más pequeños y manejables. Según Plutarco (escritor griego, 50-125 d. C.), su ejército cuenta con cerca de 200 000 hombres, lo que le da una ventaja considerable por tierra. Marco Antonio puede contar con algunos honderos (lanzadores de piedras), vélites (lanzadores de jabalinas) y muchos arqueros a pie.

Los 400 barcos romanos son más pequeños, lo que los hace muy rápidos y fáciles de manejar. Octavio cuenta con una fuerza de 80 000 soldados, por lo que tiene más recursos. Sin embargo, la flota de Octavio la dirigen marineros profesionales, mientras que la de su oponente está compuesta por soldados de infantería y caballeros que se alistan con urgencia. Por lo tanto, la diferencia se producirá en el combate naval.

Existe un pequeño camino de tierra que conecta el campo de Marco Antonio con la rada donde atracan sus barcos y que el general romano toma todos los días para inspeccionar la flota. Octavio, que observa este detalle, decide tender una emboscada a su rival para secuestrarlo. La trampa fracasa por poco: los soldados de Octavio logran capturar al guardia que precede a Marco Antonio, pero salen demasiado pronto de su escondite, lo que permite que Marco Antonio se escape *in extremis* de sus captores. Si esta estratagema hubiera funcionado, la batalla de Accio nunca podría haber ocurrido.

¿BATALLA TERRESTRE O NAVAL?

Aunque Marco Antonio cuenta con fuerzas superiores a las de Octavio en tierra, decide luchar en el mar. Los historiadores modernos se han preguntado durante mucho tiempo acerca de la pertinencia de esta decisión con graves consecuencias, ya que le conduce al fracaso. La propaganda de Octavio, a su vez, se contenta con ironizar subrayando la debilidad de su oponente, que quiso satisfacer a Cleopatra. Por otra parte, sus ayudantes lo habrían animado a luchar en tierra, debido a la falta de remeros y marineros en los navíos, demasiado grandes para dirigirlos adecuadamente. Para completar las tripulaciones, se ve obligado a reclutar a hombres inexpertos en Grecia. Además, los legionarios romanos que lo siguen están muy poco acostumbrados a las batallas navales. Sin embargo, la opinión de Cleopatra es la que finalmente prevalece: para ella, la batalla debe tener lugar en el mar. De hecho, la reina quiere irse de Accio tan pronto como sea posible para volver a Egipto, que ha dejado sin líder durante demasiado tiempo. Marco Antonio también se enfrenta a nuevos problemas: la deserción y la malaria causan estragos en su ejército, lo que limita aún más el número de marineros en condiciones de combatir.

Por su parte, Octavio tiene la firme intención de librar una batalla decisiva en Accio; mientras que para sus adversarios, la batalla que se anuncia solo debe ser una escaramuza con el objetivo de huir de Accio para reconstituirse mejor y luchar en tierra firme. Por lo tanto, Marco Antonio prevé un combate rápido y con pocas bajas humanas, porque está convencido de que la superioridad técnica de sus navíos le da una ventaja decisiva.

EL ENFRENTAMIENTO

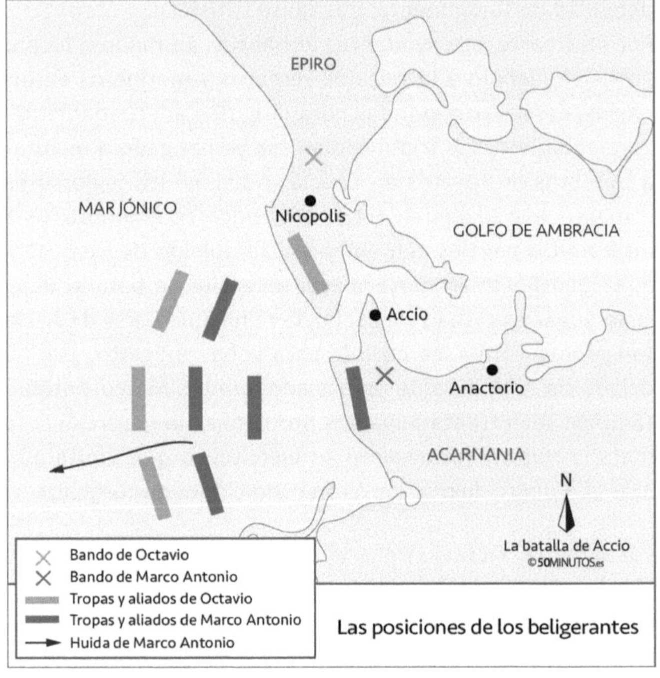

Las posiciones de los beligerantes

Cuando comienzan las hostilidades, Octavio, Cleopatra y Marco Antonio están presentes en el campo de batalla. Parecería que este último habría hecho construir torres altas en sus navíos para que sus tripulaciones —entre las que hay multitud de arqueros y honderos— luchen como desde lo alto de una muralla.

Por su parte, Octavio y su fiel amigo Marco Vipsanio Agripa

observan cuidadosamente la flota vecina. Ordenan a sus barcos que se mantengan a aproximadamente 1,5 kilómetros lejos de sus adversarios, para que los proyectiles enemigos no los alcancen. Si quiere romper el bloqueo, Marco Antonio se ve obligado a moverse y solo le queda una posibilidad: dejar Accio y precipitarse hacia el mar, donde está su rival.

Después de varias maniobras de intimidación, la flota de Marco Antonio se pone en movimiento y se dirige rápidamente hacia los barcos de Marco Vipsanio Agripa. Este último ordena a sus naves que vayan más hacia atrás para atraer al enemigo fuera de la rada de Accio, en alta mar. El objetivo es simple: llevar a las pesadas galeras de Marco Antonio a alta mar para dispersarlas.

Así pues, en un primer tiempo, los barcos de Octavio no buscan el choque directo, porque saben que no son tan resistentes como los de Marco Antonio. Consciente de ello, Marco Vipsanio Agripa prefiere juntar varios navíos y luego abalanzarse sobre un navío enemigo aislado. Así, los barcos de Octavio comienzan golpeando a un barco enemigo para hacer tanto daño como sea posible, y después detienen su ataque y varios de ellos vuelven a la carga rápidamente. Los navíos de Marco Antonio son acosados por todos lados: la batalla da un vuelco incluso antes de que se ordene el abordaje. Por medio de esta táctica, Marco Vipsanio Agripa y Octavio demuestran que una batalla no se gana solamente gracias a la superioridad numérica y técnica.

Los pesados barcos de Marco Antonio se defienden como las ciudades sitiadas: bombardean al enemigo con una lluvia de piedras, de flechas y de jabalinas desde sus torres. Su poder de ataque permite que hundan rápidamente los navíos de Octavio, pero su precisión y rapidez de acción no son lo suficientemente fuertes para resultar realmente eficaces.

LA RETIRADA DE CLEOPATRA

La batalla de Accio.

Sin embargo, el resultado del conflicto es todavía incierto, debido a que la táctica que utiliza Marco Vipsanio Agripa requiere mucho tiempo. Según los historiadores antiguos, la huida de Cleopatra es lo que precipita el final de la batalla. De hecho, desde el comienzo de la ofensiva la reina está en su navío, detrás de las tropas de Marco Antonio. Pero, aunque su barco está a salvo, decide abandonar precipitadamente el campo de batalla. La reina egipcia no huye sola: llama a sus súbditos con una señal para que hagan lo mismo. La huida es tan brusca que los barcos egipcios causan estragos en las filas del ejército de Marco Antonio. Incluso hoy en día, este giro de 180 grados es un evento inexplicable e incomprensible. Las fuentes latinas, que condenan a Cleopatra, afirman que huyó porque, ante la lentitud de los combates, habría sucumbido a una impaciencia femenina.

LA HUIDA DE MARCO ANTONIO

Al darse cuenta de la huida de su querida, Marco Antonio también decide abandonar el campo de batalla para seguirla. Así, abandona a sus propias tropas en medio de los combates, después de subir en una pequeña y rápida galera para llegar a la nave de Cleopatra. Aunque el general está sano y salvo, acaba de perder su honor.

A pesar de esta huida, la batalla continúa haciendo estragos. Marco Vipsanio Agripa sigue con su táctica de acoso, pero la flota de Marco Antonio se muestra resistente. Así que, para acelerar los acontecimientos, Octavio ordena asaltar las naves enemigas. Entonces puede tener lugar el abordaje, y la lucha cuerpo a cuerpo comienza. Con la confusión, se utilizan todas las armas: hachas, espadas, piedras, etc. Los soldados de Marco Antonio, sin embargo, logran expulsar a los atacantes. Para recuperar la ventaja, los hombres de Octavio lanzan a continuación flechas de fuego y tratan de quemar las naves enemigas con pez (sustancia resinosa altamente inflamable). Finalmente esta táctica es la que vence las fuerzas de Marco Antonio. Ayudado por el viento que acaba de levantarse, el fuego se propaga por muchos navíos. Muchos soldados de Marco Antonio mueren asfixiados por el humo del incendio. Puesto que el combate ya no tiene mucho sentido, los soldados de Marco Antonio están de acuerdo en deponer las armas y rendirse: Octavio acaba de ganar la batalla más importante de su vida.

El historiador Plutarco estima que el ejército de Marco Antonio perdió alrededor de 5000 hombres y 300 barcos, mientras que Paulo Orosio (sacerdote español, 390-418) sugiere la cifra de 13 000 muertos. Dentro del ejército de Octavio, las cifras siguen siendo desconocidas: no hay ningún autor antiguo que mencione cuantos hombres perecieron en el bando ganador. Los historiadores, sin embargo, suponen que las pérdidas fueron significativas, porque el combate permaneció mucho tiempo sin decidirse.

Después de una larga batalla, Octavio ya puede saborear su triunfo: ahora el mundo romano está a sus pies.

REPERCUSIONES DE LA BATALLA

DESAPARICIÓN DE LOS ADVERSARIOS DE OCTAVIO

Marco Antonio y Cleopatra huyen de Accio y navegan ahora hacia Egipto. Algunos barcos de Octavio tratan en vano de perseguirlos para capturarlos. De vuelta en Alejandría, Marco Antonio cae en una profunda depresión a causa de su comportamiento durante la batalla. Cleopatra, por su parte, está tratando de salvar lo que pueda, pero la situación es desesperada: poco a poco sus aliados le dan la espalda y se someten a Octavio para evitar su venganza.

Un año después de la batalla, mientras que este último va con sus tropas a Egipto, Marco Antonio y Cleopatra tratan en vano de negociar con él. Octavio se muestra dispuesto a negociar con la reina egipcia si consiente que ejecuten a su amante o que lo destierren de Egipto. Lo único que importa más a ojos de Cleopatra es que no maten a su hijo Cesarión y que sus hijos puedan tener acceso al trono de Egipto después de su muerte. A continuación, hace correr la falsa noticia de su suicidio hasta Marco Antonio para que él también opte por este final.

Abandonado por todos sus seguidores y por su amada, Marco Antonio decide poner fin a sus días, clavándose una espada en el pecho. Gravemente herido, lo llevan frente a Cleopatra, que sigue con vida, y muere el 1 de agosto del año 30 a. C. En Roma se dice de él que compra su cobardía mediante esta muerte valiente.

Cuando se entera de la muerte de su rival, Octavio quiere llevar a Cleopatra a Roma con vida a toda costa, para que pueda desfilar como cautiva durante su triunfo. Se encuentra con ella con este objetivo y le promete un buen trato si se compromete a no poner fin a su vida. Ella finge aceptar pero, algunos días más tarde, se suicida.

OCTAVIO, EL ÚNICO AMO DE ROMA Y FUTURO EMPERADOR

Desde entonces, Octavio quiere presentarse como el unificador de los romanos y el pacificador del mundo. Poco después de la batalla de Accio, incorpora a su ejército los soldados romanos supervivientes del ejército de Marco Antonio. Con ganas de castigar a las provincias, ciudades o reinos que apoyaron a su rival, Octavio les impone muchos tributos. Cuando se entera de la muerte de Cleopatra, reduce a Egipto a una provincia romana, firmando así el final de la dinastía ptolemaica (familia de Cleopatra) que reinó en el país durante 270 años.

Aunque Octavio sabe ser generoso con los tres hijos que Marco Antonio tuvo con Cleopatra, se muestra intransigente con Cesarión. El niño, en efecto, es ejecutado poco después de la muerte de su madre, argumentando que hubiera sido peligroso dejar vivir al supuesto hijo de Julio César.

Las consecuencias de esta batalla son importantes a nivel político: Octavio ahora no tiene rival y su victoria le asegura el control de todo el Mediterráneo. La batalla de Accio pone fin al periodo de las guerras civiles que atormentaron Roma durante mucho tiempo. Así, el tiempo de las batallas entre romanos para obtener el poder supremo se acaba.

La batalla de Accio firma la muerte de la República aristocrática que dirigía Roma desde hacía muchos años. Sin embargo, al final de un siglo de evoluciones políticas es cuando Octavio establece el principado en el 27 a. C. La batalla solamente acelera el proceso de concentración de los poderes mediante la eliminación de su último rival. Algunos historiadores señalan que, desde la época de Julio César, el régimen político existente había sido sustituido por la monarquía. Sin embargo, cuando tomaba el nombre de Augusto, ¿se imaginaba Octavio que el modelo imperial sobreviviría durante varios siglos y dominaría Occidente y Oriente durante mucho tiempo? Existen dudas al respecto.

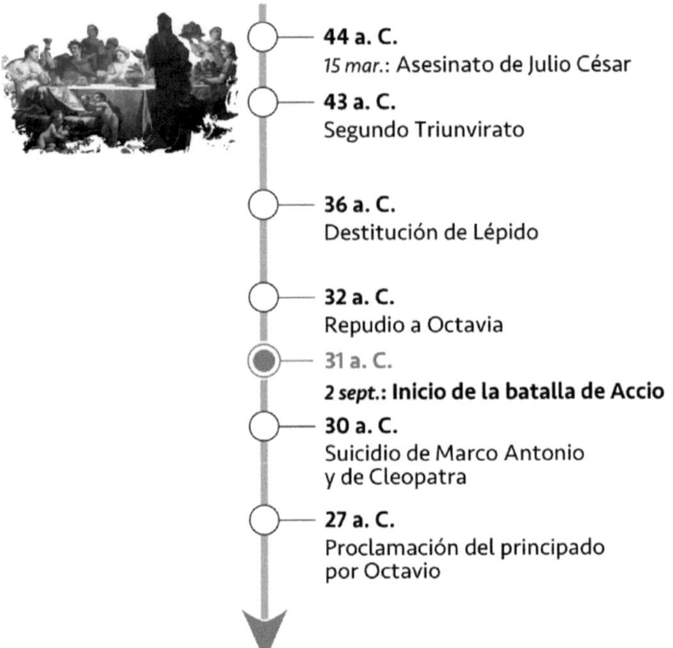

44 a. C.
15 mar.: Asesinato de Julio César

43 a. C.
Segundo Triunvirato

36 a. C.
Destitución de Lépido

32 a. C.
Repudio a Octavia

31 a. C.
2 sept.: **Inicio de la batalla de Accio**

30 a. C.
Suicidio de Marco Antonio
y de Cleopatra

27 a. C.
Proclamación del principado
por Octavio

La batalla de Accio ©50MINUTOS.es

- El 15 de marzo del 44 a. C., apuñalan a Julio César en pleno Senado. La conspiración está urdida por Cayo Casio Longino y Marco Junio Bruto, hijo adoptivo de Julio César.
- En ese momento, empieza una verdadera lucha para enfrentarse a los dos asesinos. Para hacerlo, se crea un nuevo triunvirato, que alía a Marco Antonio, Octavio y Lépido. Los asesinos de Julio César son finalmente derro-

tados en la batalla de Filipos en el 42 a. C.

- Dos años más tarde, Octavio acusa a Lépido de excederse en sus prerrogativas, lo destituye de sus funciones y se queda con sus posesiones, lo que no le gusta a Marco Antonio.
- Cuando Marco Antonio se prepara para una importante campaña militar contra los partos, convoca a Cleopatra en Cilicia. Se acusa a la reina de Egipto de haber ayudado a Marco Junio Bruto y a Cayo Casio Longino tras el asesinato de Julio César. Consciente del conflicto diplomático que resulta de tal situación, la mujer decide utilizar sus encantos para ganarse los favores del hombre político romano.
- Convertido en un verdadero monarca helenístico, Marco Antonio toma decisiones insufribles para los romanos. A pesar de su unión con Octavia, vive una verdadera historia de amor con Cleopatra y ofrece algunos territorios romanos a los hijos que tiene con su amante.
- La situación apenas se arregla en el 32 a. C., cuando Marco Antonio repudia a su mujer. Esto es demasiado para Octavio, que consigue unir en alianza a los senadores para iniciar una guerra contra Cleopatra, gracias a la lectura del testamento de Marco Antonio.
- En los dos bandos, los preparativos van a buen paso. A pocos días del asalto, Marco Antonio posee 500 barcos, muchos de los que son difícilmente manejables a causa de sus dimensiones, y alrededor de 200 000 hombres. Por su parte, Octavio dispone de 400 barcos más pequeños y más rápidos, y puede contar con 80 000 hombres.
- Mientras que Marco Antonio tendría mucho interés en combatir por tierra, se ciñe al consejo de Cleopatra, que

desea una batalla naval.

- Las hostilidades comienzan el 2 de septiembre del 31 a. C. La táctica que aplica Marco Vipsanio Agripa permite hostigar constantemente los barcos de Marco Antonio que, aunque logran defenderse, resultan poco eficaces.
- El final de la batalla se precipita con la huida de Cleopatra, a la que Marco Antonio se suma rápidamente. El bando de Octavio aprovecha este cambio repentino para recuperar la ventaja. Gracias a sus flechas con fuego, consiguen incendiar los barcos enemigos. Así se gana la batalla.
- Un año después, mientras las tropas de Octavio entran en Alejandría para capturar a Marco Antonio y Cleopatra, estos se suicidan. Octavio se convierte, así, en el único amo de Roma. En el 27 a. C., instaura el principado y toma el nombre de Augusto.

PARA IR MÁS ALLÁ

FUENTES BIBLIOGRÁFICAS

- Virgilio. 1977. *L'Énéide*. París: Les Belles Lettres.
- Veleyo Patérculo. 1982. *Histoire romaine*. París: Les Belles Lettres.
- Plutarco. 1977. *Les Vies des hommes illustres. Vie d'Antoine*, tomo XIII. París: Les Belles Lettres.
- Tácito. 1976. *Annales*. París: Les Belles Lettres.
- Tácito. 1987. *Histoires*. París: Les Belles Lettres.
- Suetonio. 1931. *Vie des XII Césars. Vie d'Auguste*, tomo 1. París: Les Belles Lettres.
- Suetonio. 1921. *Satires*. París: Les Belles Lettres.
- Dion Casio. 2010. *Histoire romaine*. París: Les Belles Lettres.

FUENTES COMPLEMENTARIAS

- Bingen, Jean. *"La politique dynastique de Cléopâtre VII"*. Comptes rendus des séances de l'Académie des Inscriptions et Belles Lettres, vol. 143, n.º 1, 49-66.
- Bouché-Leclercq, Auguste. 1904. *Histoire des Lagides*. Bruselas: Culture et Civilisation.
- Castellani, Robert-Noël. 2001. *Le testament politique de l'Antiquité. Des origines de la mémoire historique à la bataille d'Actium, 31 av. J.-C.* París: F.-X. de Guibert.
- Chaveau, Michel. 1997. *L'Égypte au temps de Cléopâtre. 180-30 av. J.-C.* París: Hachette.
- Green, Peter. 1997. *D'Alexandre à Actium. Du partage de l'empire au triomphe de Rome*. París: Robert Laffont.

- Larrouy, Maurice. 1934. *Antoine et Cléopâtre. La bataille d'Actium*. París: Le Masque.
- Martin, Paul. 1990. *Antoine et Cléopâtre. La fin d'un rêve.* París: Albin Michel.
- Mossé, Claude. 2003. *Précis d'histoire grecque. Du début du deuxième millénaire à la bataille d'Actium*. París: A. Colin.
- Vial C., *Les Grecs. De la paix d'Apamée à la bataille d'Actium*, París, Seuil, 1995.

FUENTES ICONOGRÁFICAS

- *La muerte de César*, pintura de Jean-Léon Gérôme, 1867. La imagen reproducida está libre de derechos.
- *La comida de Marco Antonio y Cleopatra*, pintura de Charles-Joseph Natoire, 1754. La imagen reproducida está libre de derechos.
- La batalla de Accio. La imagen reproducida está libre de derechos.

NOVELAS

- Horacio. *Ode I*, 37.
- Shakespeare, William. 1606. *Antoine et Cléopâtre.*

PELÍCULAS

- *Cleopatra*. Dirigida por Cecil B. DeMille, con Claudette Colbert Warren William y Henry Wilcoxon. Estados Unidos, 1934.
- *Cleopatra*. Dirigida por Joseph L. Mankiewicz, con

Elizabeth Taylor, Richard Burton y Rex Harrison. Estados Unidos, 1963.
* *Roma*. Serie de televisión de John Milius, William J. Mac Donald y Bruno Hello. Estados Unidos, 2005-2007.

EDIFICIO CONMEMORATIVO

* Las ruinas de Nicopolis («la ciudad de la victoria»), ciudad fundada por Octavio para conmemorar su victoria en la batalla de Accio, en la entrada del golfo de Ambracia, Grecia.

en50MINUTOS.es

¡APRENDER NUNCA ANTES FUE TAN RÁPIDO!

www.en50minutos.es

www.en50Minutos.es

ISBN ebook: 9782806277367

ISBN papel: 9782806285294

Depósito legal: D/2016/12603/462

Libro realizado por <u>Primento</u>*, el socio digital de los editores*